Miteinander ins Leben gehen

Mitglied der Verlagsgruppe „engagement“

Bibliografische Information Der Deutschen Nationalbibliothek
Die Deutsche Nationalbibliothek verzeichnet diese Publikation in der Deutschen Nationalbibliografie; detaillierte bibliografische Daten sind im Internet über http://dnb.d-nb.de abrufbar.

2014

Umschlaggestaltung, Layout und digitale Gestaltung: Tyrolia-Verlag unter Verwendung eines Bildes von © Kelpfish-Fotolia.com
Grafiken im Buch: © buyman-Fotolia.com, © NLshop-Fotolia.com, © beaubelle-Fotolia.com
Druck und Bindung: Druckerei Theiss, St. Stefan im Lavanttal
ISBN 978-3-7022-3329-7
E-Mail: buchverlag@tyrolia.at
Internet: www.tyrolia-verlag.at

Miteinander ins Leben gehen

Taufpate/ Taufpatin sein

Helene Daxecker-Okon
Anna Hintner
Maria Rhomberg

Tyrolia-Verlag · Innsbruck-Wien

Inhaltsverzeichnis

Zu Beginn

Wer gefragt wird, ob er oder sie Taufpate eines Kindes werden möchte, darf sich geehrt fühlen. Die Familie des Taufkindes vertraut dieser Person. Sie vertraut ihr so sehr, dass sie sich eine jahrelange Begleitung durch diesen Menschen für ihr Kind wünscht.
Wer überlegt, Taufpate zu werden, dem erklärt dieses Büchlein Sinn und Hintergrund der Patenschaft. Fragen, Texte und Geschichten öffnen Räume für eine persönliche Auseinandersetzung.
Wer unsicher ist, dem darf gesagt werden: Miteinander durchs Leben gehen heißt auch zusammen wachsen und lernen.

Das Patenamt

Ein *Patenkind begleiten*
auf seinem Weg
durch das Leben
durch sichere
und unsichere Zeiten.

Nehme ich seine Fragen ernst?
Suche ich mit ihm nach Antworten?
Möchte ich für mein Patenkind da sein?

Was wird von mir erwartet?

Die ureigenste Aufgabe der Paten ist, das Patenkind in seinem Leben zu begleiten und zu bestärken. Früher wurde den Paten wesentlich mehr Verantwortung übertragen als heute. Im Todesfall der Eltern wurde den Paten das Kind anvertraut. Es bestand eine „spirituelle Verwandtschaft“ zwischen Paten und Patenkind, die sogar ein Ehehindernis darstellte. Nach wie vor ist eine behutsame Begleitung des Kindes das Herzstück der Patenschaft, aber natürlich ohne diese weitreichenden Pflichten. Gemeinsame Aktivitäten, Zeit für Fragen und Interesse am jeweiligen Entwicklungsstand des Kindes sind ein äußerst wertvolles Geschenk der Paten und durchaus schon ein Beitrag zur religiösen Begleitung des Kindes. Eine gute Grundlage für einen mündigen Glauben sind unter anderem Lebensmut, ein christliches Wertesystem und das Wissen um Geborgenheit. Nicht umsonst sagt der Priester den Paten zuallererst, dass sie das Patenkind auf seinem Lebensweg begleiten sollen. Daraus folgt die Begleitung im Glauben und in der Gemeinschaft der Kirche.

Kann ich Pate/Patin werden?

Taufpate oder Taufpatin darf werden, wer in der katholischen Kirche getauft und gefirmt wurde und mindestens 16 Jahre alt ist.
Aus der katholischen Kirche ausgetretene Personen sind nicht für das Patenamt zugelassen. Schließlich soll der Pate oder die Patin die Eltern dabei unterstützen, den Täufling im Glauben zu begleiten und zu bestärken. Christen und Christinnen anderer Konfessionen (evangelisch, orthodox, anglikanisch) können gemeinsam mit einem katholischen Paten Taufzeuge sein. Maximal zwei Personen (Mann und Frau) können Taufpaten sein. Eine Patenschaft kann nicht mehr aufgekündigt werden.

„Pate“ kommt vom lateinischen „pater spiritualis“, dem „geistlichen Vater“. „Goti, Göd ...“ stammt vom altenglischen Wort „godmodor“, eigentlich „Mutter in Gott“, d. h. „geistliche Mutter“ (vgl. www.duden.de)

Eine kleine Starthilfe

Es war einmal ein kleiner Junge, der ganz am Anfang einer langen Wanderung stand. Sein Vater besorgte alles, was seiner Meinung nach für ein gutes Vorankommen notwendig war. Er hatte wirklich an vieles gedacht: Müsli-Riegel, Traubenzucker, Jausenbrote, Erfrischungsgetränke, Gummistiefel, Regenjacke, Taschentücher, Wanderführer und manches andere mehr. Der umsichtige Vater packte alles in einen großen Rucksack, umarmte seinen Sohn und wollte ihn mit den Vorräten auf die Reise schicken. Doch der kleine Junge rührte sich nicht vom Fleck. Nach einiger Zeit fragte der Vater seinen Sohn: „Warum gehst du nicht los? Habe ich irgendetwas vergessen?"
„Nein, nein, Vater. Das ist es nicht", antwortete der Sohn kläglich. „Aber der Rucksack, den du mir gepackt und als Starthilfe geschenkt hast, ist zu schwer für mich. Ich kann ihn nicht tragen." Ein wenig beschämt nahm der Vater den Rucksack selbst auf den Rücken und begleitete den Sohn ein Stück seines Weges. Wann immer der Sohn etwas benötigte, reichte der Vater ihm das Gewünschte. Und er begleitete seinen Sohn so lange, bis dieser ihn nicht mehr brauchte, weil er groß genug geworden war, um seinen Rucksack selber zu packen und zu tragen. *Petra Hillebrand*

Zitate

Gott begegnet man auf dem Weg, indem man ihn sucht und sich von ihm suchen lässt – zwei Wege, die sich begegnen.

Papst Franziskus

Gott verlangt nichts von den Menschen, ohne ihnen zugleich die Kraft dafür zu geben.

Edith Stein (1891–1942)

Wenn Gott den Menschen misst, legt er das Maßband nicht um den Kopf, sondern immer um das Herz.

Irisches Sprichwort

Man erzieht durch das, was man sagt, mehr noch durch das, was man tut, am meisten durch das, was man ist.

Ignatius von Antiochien (frühes 2. Jh. n. Chr.)

Auf dem Weg des Glaubens

Woran glaube ich denn eigentlich?

Wie kann ich Glauben vermitteln?

Kann ich ein Vorbild durch meinen Glauben sein?

Ich (ver-)zweifle doch selbst oft genug am Glauben!

Was ist Glaube überhaupt?

Solche und ähnliche Fragen können auftauchen, wenn man darum gebeten wird, ein kirchliches Patenamt zu übernehmen. Die Besonderheit liegt letztlich darin, die Eltern in der christlichen Erziehung des Kindes zu unterstützen. Wie aber kann man das erfüllen?

Was Glauben bedeutet

Das Wort „glauben“ ist ursprünglich aus dem Wort „lieb“ entstanden und bedeutet im religiösen Sinn „etwas lieb haben“. Es geht um die Dinge des Lebens, die man für gut heißt, an denen man hängt, die es wert sind, dass man ihnen Vertrauen schenkt und das Handeln danach ausrichtet.

Dem gegenüber steht die Behauptung „Glauben heißt nichts wissen!“, mit der auf die angebliche Unvereinbarkeit von naturwissenschaftlicher, aufgeklärter Bildung und dem spirituellen Erleben bzw. den kirchlichen Glaubenssätzen hingewiesen wird. Doch „Vernunft“ und „religiöse Überzeugungen“ haben eine unterschiedliche Bedeutung, die der Nobelpreisträger und Begründer der Quantenphysik, Max Planck, so beschreibt: „Die Naturwissenschaft braucht der Mensch zum Erkennen, den Glauben zum Handeln.“

Der Glaube ist keine bloße Theorie, sondern ein Lebensentwurf und eine ganzheitliche Lebensdeutung.

Wenn Glauben schwerfällt

Zweifel gehört zu jedem Glauben dazu. Um den persönlichen Glauben weiterzuentwickeln, muss man die Glaubensüberzeugungen der eigenen Kindheit in Frage stellen. Das, was nach dem Zweifel übrig bleibt, ist es wert, geglaubt zu werden. So kann man zu einem erwachsenen, selbstbestimmten Glauben kommen. Selbst Jesus hat an Gott gezweifelt: „Mein Gott, mein Gott, warum hast du mich verlassen?" (Matthäus 27,46).

Der Zweifel am Glauben macht eine Person nicht zum schlechteren Paten. Menschen beschäftigen sich auf unterschiedliche Weise mit Glauben und Religion. Einigen ist das Glück geschenkt, Gott mehrmals im Leben spüren zu können, anderen vielleicht nur einmal oder gar nicht.

Besonders Jugendliche haben oft tiefe Glaubenszweifel. Die beste Hilfe ist dann jemand, der diese Gefühle aus eigener Erfahrung kennt, sie ernst nimmt und das Patenkind ermutigt, offen über diese Skepsis zu sprechen, und an seiner Seite bleibt.

Credo – ich glaube

Wer das Patenamt übernimmt, erklärt sich bereit mitzuhelfen, das Kind im Glauben zu begleiten. Deshalb werden Eltern und Paten bei der Taufe nach dem eigenen Glauben gefragt. Glauben kann vielerlei bedeuten: „Ich vertraue dir und ich baue auf dich“ ebenso wie „Ich weiß es nicht so genau oder ich denke, es ist wahr“.
„Credo“, das lateinische Wort für „ich glaube“, setzt sich aus *cor* und *dare* zusammen, was so viel wie „das Herz schenken“ heißt. Mein Herz schenke ich aber nur jemandem, dem ich vertrauen kann und bei dem ich mich gut aufgehoben weiß.
Diesen Herzensglauben meint Jesus: „Du sollst den Herrn, deinen Gott, lieben mit ganzem Herzen und ganzer Seele, mit all deiner Kraft und all deinen Gedanken, und: Deinen Nächsten sollst du lieben wie dich selbst“ (Lukas 10, 27).
Die Frage „Glaubst du …“ ist die Frage nach den Fundamenten meines Lebens, nach den Dingen, die mir wichtig sind, nach den Zielen, woran ich mein Leben ausrichte, nach den Personen, denen ich vertraue, und nach den Hoffnungen, die mich über dieses Leben hinaus begleiten.

Zitate

Glaube und Zweifel bedingen einander wie Ein- und Ausatmen; sie gehören zusammen.

Hermann Hesse (1877–1962)

Der Gläubige, der nie gezweifelt hat, wird schwerlich einen Zweifler bekehren.

Marie von Ebner-Eschenbach (1830–1916)

Wer glaubt, ein Christ zu sein, weil er die Kirche besucht, irrt sich. Man wird ja auch kein Auto, wenn man in eine Garage geht.

Albert Schweitzer (1875–1965)

Es ist etwas sehr Großes, ein freies Herz und ein ruhiges Gewissen zu haben.

Teresa von Ávila (1515–1582)

Die Feier der Taufe und ihre Symbole

Die Taufe kann in der heiligen Messe oder als eigene Feier stattfinden.

Im Ablauf des Rituals haben alle Personen ihre „festen“ Plätze: der Priester (oder Diakon), der das Kind im Namen der Kirche tauft; die Eltern, auf deren Wunsch hin das Kind getauft wird; der Pate oder die Patin, der bzw. die bereit ist, das Patenamt zu übernehmen, und gemeinsam mit den Eltern den Glauben zu Gott bekennt, und natürlich der Täufling als wichtigste Person.
Im Folgenden wird ausgeführt, was ein Sakrament ist und wie und wann der Pate oder die Patin angesprochen wird. Außerdem werden der Ablauf der Tauffeier, wenn sie außerhalb der heiligen Messe stattfindet, und die wichtigsten Symbole erklärt.

Die Taufe – ein Sakrament

Glaube soll nicht abstrakt bleiben. Dabei helfen die Sakramente der Kirche, die Zeichen der Liebe Gottes zu den Menschen sind. In den Symbolhandlungen der Sakramente (z. B. Übergießen mit Wasser bei der Taufe, Salbung mit heiligem Öl bei der Firmung …) wird Glaube mit allen Sinnen erfahrbar. Gott zeigt sich damit den Menschen in besonderen Lebensmomenten: wenn ein Mensch Stärkung braucht, wenn ein Kind geboren wird, wenn ein Paar den Weg gemeinsam gehen will, wenn Krankheit und Tod das Leben gefährden …
Durch das Sakrament der Taufe wird ein Mensch in die Gemeinschaft der Kirche aufgenommen. Die Taufe ist eines der sieben Sakramente der katholischen Kirche: Taufe, Firmung, Eucharistie, Beichte, Krankensalbung, Ehe und Priesterweihe.

Ablauf der Tauffeier

Eröffnung

- ✗ Begrüßung
- ✗ Fragen an Eltern und Paten
- ✗ Bezeichnung mit dem Kreuz

Das Wort Gottes hören

- ✗ Schriftlesung und Ansprache
- ✗ Anrufung der Heiligen
- ✗ Fürbitten

Tauffeier

- ✗ Segnung des Taufwassers
- ✗ Absage und Glaubensbekenntnis
- ✗ Taufe
- ✗ Salbung mit Chrisam
- ✗ Anlegen des Taufkleides
- ✗ Entzünden der Taufkerze

Abschluss

- ✗ Vater unser
- ✗ Segen

Fragen an die Paten

Zu Beginn der Tauffeier begrüßt der Priester (oder Diakon) die Anwesenden. Danach fragt er die Eltern nach dem Namen des Kindes und ob sie bereit sind, ihr Kind im Glauben zu erziehen.

An die Paten richtet er die folgende Frage:

Liebe Paten, die Eltern dieses Kindes haben Sie gebeten, das Patenamt zu übernehmen. Sie sollen Ihr Patenkind auf dem Lebensweg begleiten, es im Glauben mittragen und es hinführen zu einem Leben in der Gemeinschaft der Kirche. Sind Sie bereit, diese Aufgabe zu übernehmen und damit die Eltern zu unterstützen?

Pate und/oder Patin antworten: *Ich bin bereit.*

Absage

Nach der Segnung des Taufwassers werden Eltern und Pate oder Patin direkt angesprochen, um dem Bösen abzusagen und ihren Glauben zu bekennen. Im Folgenden wird auf die oft sprachlich schwierigen Fragen, die Eltern und Paten gestellt werden, genauer eingegangen.

Widersagen Sie dem Bösen, um in der Freiheit der Kinder Gottes leben zu können?
Widersagen Sie den Verlockungen des Bösen, damit die Sünde nicht Macht über Sie gewinnt?
Widersagen Sie dem Satan, dem Urheber des Bösen?

Eltern und Pate oder Patin antworten auf die jeweilige Frage: *Ich widersage.*

„Widersagen" ist ein Wort, das im allgemeinen Sprachgebrauch nicht mehr vorkommt. Was damit gemeint ist, wird deutlich, wenn man verschiedene Formulierungen ausprobiert: Ich distanziere mich … / Ich lehne … ab. / Ich sage mich los …

Dann folgt das Glaubensbekenntnis.

Glaubensbekenntnis

Glauben Sie an Gott

Wenn glauben „mein Herz verschenken“ heißt, dann werde ich gefragt, ob ich Gott mein Leben, meine Entscheidungen und Gedanken anvertraue.

den Vater,

Menschen können nur in menschlichen Bildern und Worten von Gott reden, auch wenn Gott immer mehr sein wird, als es menschliche Bilder auszudrücken vermögen. „Vater“ verweist auf einen sorgenden, einen liebenden Gott, einen, der sich zuständig fühlt.

den Allmächtigen,

Was, wenn Gott allmächtig ist? Dann kann er mein Leben verändern, dann weiß er um den Sinn meines Lebens, kann alles zu einem guten Ende führen.

den Schöpfer des Himmels und der Erde?

Diese Welt ist uns geschenkt, sie war schon vor uns und wird auch nach uns noch sein. Mit Himmel ist alles jenseits unserer Zeit und der sichtbaren Dinge gemeint.

Eltern und Pate oder Patin antworten: *Ich glaube.*

Glaubst du an Jesus Christus,

Vertraue ich auf Jesus Christus, darauf, dass er der von Gott Geliebte und Auserwählte ist?

seinen eingeborenen Sohn, unseren Herrn,

Gott ist als Mensch geboren, damit Menschen ihn verstehen können. „Herr“ ist die Übersetzung des griechischen „Kyrios“ – ein Titel für jemanden von höchstem Rang und Ansehen. Englisch wird er mit „Lord“ übersetzt.

der geboren ist von der Jungfrau Maria,

Gott nimmt den Menschen ernst, er fragt nach und nimmt die Hilfe der Menschen an. Es war Gottes Werk, dass Jesus in die Welt kommen konnte, und es gab die Bereitschaft einer Frau, daran mitzuhelfen.

der gelitten hat und begraben wurde,

Als Gottes Sohn geht Jesus den Weg der Menschen mit – bis zur bittersten Konsequenz. Er macht sich nicht aus dem Staub, wenn es leidvoll wird.

von den Toten auferstand und zur Rechten des Vaters sitzt?

Es ist das Hoffnungszeichen unseres Glaubens, dass Jesus auferstanden ist. Dies nimmt dem Tod den Schrecken.

Eltern und Pate oder Patin antworten: *Ich glaube.*

Glaubst du an den Heiligen Geist,

Vertraue ich darauf, dass Gott in dieser Welt durch seinen Geist wirkt?

die heilige katholische Kirche,

„Heilig" ist die Kirche in dem Sinne, dass sie zu Gott gehört. „Katholisch" heißt „allumfassend", es ist die Gemeinschaft aller Glaubenden auf der Erde und im Himmel.

die Gemeinschaft der Heiligen,

„Wer getauft wird, wird aufgenommen in die Gemeinschaft der Heiligen", heißt es im offiziellen Feierbuch der Kirche zur Kindertaufe. Wir alle sind zur Heiligkeit berufen.

die Vergebung der Sünden,

Schuld und Schulderfahrungen gehören zum Leben wie Liebe und Vergebung. Wenn glauben eine Herzensangelegenheit ist, dann ist Sünde die Abkehr von Gott, die Entscheidung, sich selbst genügen zu wollen.

die Auferstehung der Toten

Die Geschichte eines Menschen endet nicht mit dem Tod. Ihre Erfüllung findet sie in der Auferstehung der Toten.

und das ewige Leben?

„Was kein Auge gesehen und kein Ohr gehört hat, was keinem Menschen in den Sinn gekommen ist: das Große, das Gott denen bereitet hat, die ihn lieben" – so beschreibt der Apostel Paulus das ewige Leben (1 Kor 2,9).

Eltern und Pate oder Patin antworten: *Ich glaube.*

Der Name

„Ich habe dich bei deinem Namen gerufen."

Jesaja 45,4

Ein Täufling trägt bereits einen Namen, den ihm die Eltern gegeben haben. Zumeist bezieht sich dieser Name auf einen Heiligen, den Namenspatron des Kindes. Der Gedenktag des Heiligen wird zum Namenstag des Kindes. Scheint sein Name nicht im Kalender auf, dann kann es am Allerheiligentag (1. November) seinen Namenstag feiern. Denn an diesem Tag denken katholische Christen an alle Heiligen, deren Namen nicht bekannt sind.

Was aber macht einen Menschen zu einem Heiligen? Muss man dafür brav sein, Wunder wirken oder aber einfach nur auf Gott vertrauen?
„Zu Gott gehören – aus freier Entscheidung" ist in der Bibel eine Bedeutung von „heilig".

Bei der Tauffeier werden die Heiligen angerufen werden. Auf die Namenspatrone der Anwesenden sollte dabei besonders geachtet werden.

Das Kreuz

Das Kreuz ist eines der ältesten Sinnbilder. Es verweist auf die vier Himmelsrichtungen, auf Wege, die sich „kreuzen“ – zusammenkommen und wieder auseinanderführen. In der Form des Radkreuzes ist es auch ein Sonnensymbol. Hier wird es zum Bild für den Jahreslauf.

Durch den Tod Jesu am Kreuz wird es im Christentum zum Sinnbild für die Botschaft des Lebens Jesu, das sein Leiden, aber auch seine Auferstehung umfasst. Das Kreuz wird damit zum Symbol des Sieges über den Tod.

Die Bezeichnung des Kindes mit dem Kreuz am Anfang der Tauffeier ist Sinnbild dafür, dass Eltern, Paten und alle Anwesenden das Kind unter den Schutz Gottes stellen möchten.

Die Bibel

Wann immer Christen ihren Glauben feiern, ist das Wort Gottes ein wesentlicher Bestandteil dieser Feier. Begebenheiten aus dem Leben Jesu, sein Wirken und Handeln, seine Haltung den Menschen gegenüber, sein Zutrauen in die Menschen und sein Versprechen, immer bei denen zu sein, die an ihn glauben … davon erzählt die Bibel.
Zur Gemeinschaft der Christen zu gehören heißt daher auch sich mit dem „Programm“ des Christentums zu beschäftigen.

Die Lesung aus der Bibel wird mit „Wort des lebendigen Gottes“ beendet. Damit ist gemeint, dass in den Erzählungen und Überlegungen der Autoren der Bibel Gottes Geist spricht.
Erzählungen aus dem Leben Jesu werden „Evangelium“ – d. h. übersetzt Frohe Botschaft – genannt.

Das Wasser

Ohne Wasser gibt es kein Leben, daher ist Wasser das Symbol für das Leben an sich. Es hat heilende, Durst stillende und reinigende Kraft. Und wie alles Leben Wasser enthält, so ist Gott in allem, was lebt.

Bei der Taufe ist das Wasser Symbol des neuen göttlichen Lebens, das dem Kind geschenkt wird. Auch wenn es bei uns kaum noch üblich ist, durch Untertauchen zu taufen, so kommt doch gerade dadurch die tiefere Bedeutung des Rituals zum Ausdruck – Christus umgibt das Kind von allen Seiten, in Zeit und Ewigkeit.

Vor der Taufhandlung wird das Taufwasser gesegnet, indem der Priester (Diakon) um den Heiligen Geist bittet. Es ist der Geist Gottes, der dieses Wasser segnet, und es ist der Geist Gottes, der durch die Taufe neues Leben schenkt. Das meint die Taufformel:

Ich taufe dich im Namen des Vaters und des Sohnes und des Heiligen Geistes.

Der Chrisam

Chrisam ist Olivenöl, das mit einem wohlriechenden Balsam gemischt ist und vom Bischof gesegnet wurde. Die Salbung mit Chrisam war ausschließlich besonderen Persönlichkeiten wie Königen, Priestern oder auch Propheten vorbehalten. Stellvertretend für den ganzen Körper wurde das Haupt gesalbt.
Christus heißt „der Gesalbte“. Wie er Priester, König und Prophet ist, so werden die Kinder durch die Salbung zu „Christen“ und symbolisch zu Königen, Priestern und Propheten.

Nach der Taufe mit Wasser salbt der Priester (Diakon) das Kind mit Chrisam durch ein Kreuzzeichen auf den Kopf.

Das Taufkleid

Besondere Ereignisse zeigen sich auch in der Kleidung. Ein Hochzeitskleid ist Ausdruck der Freude, dunkle Kleidung bei einer Beerdigung drückt das Mitgefühl mit den Angehörigen und die Trauer um den Verstorbenen aus.
Die weiße Farbe des Taufkleides ist ein Sinnbild für Festlichkeit, für Reinheit und Unschuld. Sie erinnert aber auch an besondere Augenblicke aus dem Leben Jesu. Bei der Verklärung Jesu auf dem Berg wurde den Aposteln ein Blick in den „Himmel“ gewährt. „Seine Kleider wurden blendend weiß wie das Licht“, wird in Matthäus 17,2 berichtet. So wie das Kleid wärmt und schützt, so umgibt Jesus das Kind von allen Seiten, wärmt und schützt es.

Eltern und/oder Paten ziehen dem Kind das Taufkleid an. Der Priester (Diakon) spricht dazu:

Dieses weiße Kleid soll dir ein Zeichen dafür sein, dass du in der Taufe neu geschaffen worden bist und – wie die Schrift sagt – Christus als Gewand angezogen hast. Bewahre diese Würde für das ewige Leben.

Die Taufkerze

Die Kerze ist bei allen christlichen Feiern Symbol für Jesus, das Licht der Welt, sei es als Tauf-, Kommunion-, Hochzeits- oder Sterbekerze oder an Adventkränzen und Christbäumen. Im Besonderen ist die Osterkerze ein Zeichen für Christus, den Auferstandenen selbst. Das „ewige Licht" in einer katholischen Kirche weist hin auf die Gegenwart Gottes. Eltern oder Paten entzünden die Taufkerze des Kindes an der Osterkerze. Dann spricht der Priester (Diakon):

Liebe Eltern und Paten, Ihnen wird
dieses Licht anvertraut.

Christus, das Licht der Welt,
hat Ihr Kind erleuchtet.

Es soll als Kind des Lichtes leben,
sich im Glauben bewähren und dem Herrn
und allen Heiligen entgegengehen,
wenn er kommt in Herrlichkeit.

Vorbereitung der Tauffeier

Jede Tauffeier kann durch Musik, Gebete und Texte individuell gestaltet werden. Der Pate oder die Patin kann sich dabei einbringen. Vielleicht hat er oder sie ein musikalisches Talent und übernimmt einen Teil dieser Gestaltung. Ansonsten kann er oder sie die Lesung mit den Eltern gemeinsam aussuchen und gegebenenfalls vorlesen, oder eine Fürbitte formulieren (siehe nachfolgende Seite). Das Lebensmotto des Namenspatrons des Kindes könnte in die Tauffeier eingebaut werden. Ein persönlicher Text für den Täufling kann die Feier eröffnen oder auch beschließen.

Die Gestaltung der Einladung zur Taufe und das Fest nach der kirchlichen Feier braucht möglicherweise noch eine helfende Hand.

Fürbitten

Nachstehende Fürbitten dienen als Vorschläge und können der jeweiligen Situation angepasst werden. Nach jedem Gebetsanliegen erfolgt die Antwort: *Wir bitten dich, erhöre uns.*

Guter Gott, beschütze N. und alle,
die heute durch das Sakrament der Taufe
in die Kirche aufgenommen wurden.

Guter Gott, lass N. Freunde finden,
die ihn/sie begleiten und ihm/ihr Gutes tun.

Guter Gott, begleite die Tauffamilie, die Paten,
die Verwandten und Freunde des Täuflings
und alle, die wir hier versammelt sind.

Guter Gott, wir beten besonders für unsere
verstorbenen Angehörigen, die uns im Glauben
vorausgegangen sind.

Pate sein
Patin sein

Kaum einer Beziehung zwischen einem Kind und einem erwachsenen Menschen außerhalb der Familie wird eine so spezielle Bedeutung beigemessen wie der *Patenschaft*.

Für Kinder sind Taufpaten besondere Begleiter: Es sind Menschen, die frei heraus „Ja" zu ihnen gesagt haben und sich ihrer Freuden und Wünsche, ihrer Sorgen und Ängste annehmen.

- ✗ Wer mit seinem Patenkind Zeit verbringt und an seinem Leben Anteil nimmt, macht dem Kind damit ein großes Geschenk.

- ✗ Wer sein Patenkind unabhängig von seinen Leistungen betrachtet und schätzt, stärkt das Selbstvertrauen des Kindes.

- ✗ Wer zuhört und auch die Schattenseiten eines jungen Lebens aushält, wird zu einer wichtigen Vertrauensperson.

Religiöse Begleitung

In der Auswahl des Taufgeschenkes, z. B. eine Kinderbibel oder ein Gebetsbüchlein, ein kleines Kreuz für das Kinderzimmer, ein Buch mit einer Geschichte zum Namen des Kindes, kann sich eine religiöse Begleitung widerspiegeln.
Das Kirchenjahr mit seinen vielen Festen bietet viele Gelegenheiten: vom Adventkranz über Palmstangen und Ostereier bis zur Martinsfeier mit dem Laternenumzug. Wer hie und da mit dem Patenkind die religiösen Feste und Bräuche feiert, macht deutlich: „Mir ist unser Glaube wichtig." Und selbstverständlich braucht jedes Kind Unterstützung durchs Gebet.

Brief an das Patenkind

Liebe/r N.,

du hast viel Schwung in das Leben deiner Familie gebracht, zahlreiche schlaflose Nächte, aber auch jede Menge Freude. Jeder Tag mit dir bringt etwas Neues. Jedes Lächeln, jede Bewegung, jeder Augenblick ist ein Funke, der uns berührt.
Es lässt sich wahrscheinlich nicht vermeiden, dass dein Leben nicht immer ohne Schmerz und Entbehrungen abläuft. Weil es viele Stolpersteine auf dem Lebensweg gibt, wünsche ich dir, dass dich jemand an deiner Seite stärkt und schützt. Alles, was mit dir und deiner Zeit geschieht, soll dich deinem Ziel entgegenführen.
Als Patin möchte ich dir sagen, dass ich dich begleite und dir eine gute Freundin sein möchte. Möge Gott dich beschützen und auf all deinen Wegen dein Begleiter sein. Ich wünsche dir viel Glück, Zufriedenheit und weiterhin so viel Liebe für dein Leben.

Deine Patin

Elmar Simma

Bräuche und Traditionen

Göd und Godl, Gevatter und Götchen, Pättche und Jött, Bad und Badin, Töt und Tota – die regionalen Bezeichnungen für Pate und Patin im deutschen Sprachraum sind vielfältig und werden auch heute noch benutzt. Die Traditionen dazu sind unterschiedlich.
Auffällig ist, dass es oft ums Schenken und Beschenktwerden geht. Früher, als süßes Weißbrot noch eine Besonderheit war, wurden die Patenkinder zu Ostern mit Gebildbroten, die z. B. Hennen oder Pferde darstellten, mit Eiern oder anderen Nahrungsmitteln beschenkt. Manchmal war auch eine wertvolle Münze darunter, die nur im Notfall veräußert wurde. In ausgewählten Bäckereien kann man auch heute noch Gebildbrote für Patenkinder kaufen. Mancherorts ist es Brauch, dass das Patenkind dem Paten einen „Palmbuschen" bzw. eine Palmstange bindet. Diese wird nach der Segnung am Palmsonntag übergeben.

Üblich war und ist es, dass Patenkinder ihre Paten zu Erstkommunion, Firmung und Hochzeit einladen.

Geschenkskultur

Kinder wären keine Kinder, wenn sie sich über Geschenke nicht freuen würden. Und in der Tat sind die Geschenke bei der Patenschaft oft ein wichtiges Thema. Es empfiehlt sich, schon vor der Taufe Erwartungen bezüglich der Geschenkskultur abzuklären. Oft werden regionale Traditionen oder Erfahrungen aus der Herkunftsfamilie als allgemein üblich vorausgesetzt. Doch nicht selten hat der Pate eine ganz andere Vorstellung als die Eltern. Ein offenes Gespräch im Vorfeld kann Enttäuschungen und Verunsicherungen vorbeugen. Eine Patenschaft soll auf keinen Fall eine (finanzielle) Belastung sein, die Beziehung zum Kind soll im Vordergrund stehen.

Alternative Geschenke

Zu welchen Anlässen und in welchem Ausmaß Paten schenken wollen, sollte ihnen überlassen sein. Ein Patengeschenk muss kein klassisches Päckchen sein. Es muss auch nicht unbedingt etwas kosten. Wenn der Pate sich ab und zu für sein Patenkind Zeit nimmt, bleibt die gemeinsame Unternehmung oft lange in Erinnerung. Das kann eine Wanderung, ein Schwimmausflug an den See, Pilze sammeln im Wald oder bei weit entfernt wohnenden Paten eine Einladung des Patenkindes übers

Wochenende sein. Für manche Kinder ist bereits eine Aktion nur zu zweit mit dem Paten (ohne Geschwister, Eltern ...) besonders und aufregend.
Ansichtskarten, Anrufe oder E-Mails zeigen: „Ich denk an dich. Du bist mir wichtig." Selbst kleine Kinder freuen sich schon über Post oder eine vertraute Stimme am Telefon.
Außerdem kann es je nach Lebenslage und Fähigkeiten ein Geschenk sein, wenn der Pate als Babysitter einspringt, später Nachhilfe gibt oder sich bei der Vorbereitung der Erstkommunion engagiert.

Anlässe

Falls der Pate oder die Patin gerne ein Päckchen schenkt, scheint es sinnvoll, sich dafür einen bestimmten Tag auszuwählen. Oft wird ein Geschenk zu einem außergewöhnlichen Termin intensiver wahrgenommen als viele Geschenke zu jedem möglichen Anlass. Regionale Traditionen wie etwa der „Gotlpack", der zu Ostern und Allerheiligen in Teilen Österreichs und Süddeutschlands verschenkt wird, bieten sich an.
Im Zentrum aller Geschenksideen sollte jedoch stehen: Worüber freut sich das Kind? Was passt zum Paten und was ist angemessen? Der Kreativität sind keine Grenzen gesetzt.

Ritual zum Namenstag

Zum Namenstag könnten Pate oder Patin und das Patenkind die Taufkirche besuchen, über den Namenspatron sprechen und für die Familie eine Kerze entzünden.

Liebe/r N.,

Ich bin froh, dass du bei mir bist.
Ich bin froh, dass wir uns gut kennen.
Ich bin froh, dass ich dein Pate,
deine Patin sein kann.
Der gute Gott beschütze dich überall,
wohin dich deine Füße tragen.
Der gute Gott behüte unsere Freundschaft.
Der gute Gott bleibe bei uns.
Amen

Segensgebete

Gott segne dich mit ganz viel Kraft,
heute und durch dein weiteres Leben.
Er gebe dir offene Augen
für die Schönheit um dich herum.
Er schenke dir das Vertrauen,
dass er immer an deiner Seite ist.
Amen

Antje Sabine Naegeli

Möge Gott auf dem Weg, den du
vor dir hast, vor dir hergehen.
Das ist mein Wunsch für deine Lebensreise.
Mögest du die hellen Fußstapfen des Glücks
finden und ihnen auf dem ganzen Weg folgen.
Amen

Irischer Segen

Die Geschichte vom Johannisbrotbaum

Ein Weiser mit Namen Choni ging einmal über Land und sah einen Mann, der einen Johannisbrotbaum pflanzte. Er blieb bei ihm stehen und sah ihm zu und fragte: „Wann wird das Bäumchen wohl Früchte tragen?“

Der Mann erwiderte: „In siebzig Jahren.“

Da sprach der Weise: „Du Tor! Denkst du in siebzig Jahren noch zu leben und die Früchte deiner Arbeit zu genießen? Pflanze lieber einen Baum, der früher Früchte trägt, dass du dich ihrer erfreust in deinem Leben.“

Der Mann aber hatte sein Werk vollendet und sah freudig darauf, und er antwortete: „Rabbi, als ich zur Welt kam, fand ich Johannisbrotbäume und aß von ihnen, ohne dass ich sie gepflanzt hatte, denn das hatten meine Väter getan. Habe ich nun genossen, wo ich nicht gearbeitet habe, so will ich einen Baum pflanzen für meine Kinder oder Enkel, dass sie davon genießen. Wir Menschen mögen nur bestehen, wenn einer dem anderen die Hand reicht.“

Else Schubert-Christaller

Spuren Gottes

„Goti“, fragt Friederike, „woher wissen wir denn, dass es den lieben Gott gibt? Ich kann ihn doch gar nicht sehen?“ „Es gibt so vieles, was du nicht sehen kannst, und doch ist es da“, antwortet die Goti. „Komm mit!“ Hand in Hand gehen die beiden durch die kleine Reihenhaussiedlung, in der sie wohnen. Die Luft ist warm, der Wind weht lau. Beim Nachbarn blühen die Krokusse und die Blausternchen. Die Weidenkätzchen stecken schon ihre Spitzen heraus. Bei Kortes wecken die Osterglocken die anderen Frühblüher auf. Die Tulpen haben die hellen Töne schon gehört und stecken ihre zarten Spitzen aus dem Boden. Der Forsythienstrauch lauscht dem Klang. Bei Mohrs wachsen die meisten Blumen: die Christrosen und die Primeln, die Stiefmütterchen und die Vergissmeinnicht, aber auch die Veilchen und die Osterglocken schaukeln. Und es scheint, als winken sie den beiden zu. Friederike schaut auf die Pflanzen, die den Winter vertrieben haben. „Den Frühling“, sagt die Goti, „kann man nicht sehen, aber die Bäume, Sträucher und Blumen, die ihn dir verkünden. So kann man auch Gott überall in dieser Welt spüren.“

Heribert Haberhausen

Quellenverzeichnis

S. 11: aus: Petra Hillebrand, Kurzgeschichten für Feiern und Gottesdienste, Innsbruck [3]2013, S. 22.
S. 40: aus: Elmar Simma, Ich habe dich bei deinem Namen gerufen, Innsbruck [4]2007, S. 37.
S. 46: aus: In deinen Toren Jerusalem. Jüdische Legenden nacherzählt von Else Schubert-Christaller, Heilbronn 1929.
S. 47: Text von Heribert Haberhausen, aus: Geschichtenbuch Religion, Band 1: Grundschule, Düsseldorf 1999.

Internet- und Buchtipps

Zum **Ablauf der Tauffeier** und zur Gestaltung:
Homepage der Diözese Innsbruck: www.dibk.at/taufe
Zu den **Namenspatronen**: www.heiligenlexikon.de
Zur **Vorbereitung auf die Tauffeier** und das Fest:

- ✗ Franz Wenigwieser, Taufe kreativ feiern, Innsbruck [2]2007.
- ✗ Petra Hillebrand, Kurzgeschichten für Feiern und Gottesdienste, Innsbruck [3]2013.
- ✗ Mein Taufalbum, Innsbruck [3]2011.

Die Autorinnen

Helene Daxecker-Okon, Anna Hintner und **Maria Rhomberg** sind in der Kinder-/Jugend- bzw. Familienpastoral der Diözese Innsbruck tätig.